古代兵勇

◎ 主编 金开诚

◎ 编著 于 元

吉林出版集团有限责任公司

吉林文史出版社

图书在版编目（CIP）数据

古代兵勇 ／ 于元编著. —长春：

吉林出版集团有限责任公司：吉林文史出版社，2010.11（2023.4重印）

ISBN 978-7-5463-4148-4

Ⅰ. ①古… Ⅱ. ①于… Ⅲ. ①战争史－中国－古代－

通俗读物 Ⅳ. ①E291-49

中国版本图书馆CIP数据核字（2010）第222304号

古代兵勇

GUDAI BINGYONG

主编／ 金开诚 编著／于 元

项目负责／崔博华 责任编辑／崔博华 梁丹丹

责任校对／梁丹丹 装帧设计／李岩冰 赵 星

出版发行／吉林出版集团有限责任公司 吉林文史出版社

地址／长春市福祉大路5788号 邮编／130000

印刷／天津市天玺印务有限公司

版次／2010年11月第1版 2023年4月第5次印刷

开本／660mm×915mm 1/16

印张／9 字数／30千

书号／ISBN 978-7-5463-4148-4

定价／34.80元

编委会

主　任: 胡宪武

副主任: 马　竞　周殿富　董维仁

编　委(按姓氏笔画排列):

于春海　王汝梅　吕庆业　刘　野　孙鹤娟

李立厚　邴　正　张文东　张晶昱　陈少志

范中华　郑　毅　徐　潜　曹　恒　曹保明

崔　为　崔博华　程舒伟

前　言

　　文化是一种社会现象，是人类物质文明和精神文明有机融合的产物；同时又是一种历史现象，是社会的历史沉积。当今世界，随着经济全球化进程的加快，人们也越来越重视本民族的文化。我们只有加强对本民族文化的继承和创新，才能更好地弘扬民族精神，增强民族凝聚力。历史经验告诉我们，任何一个民族要想屹立于世界民族之林，必须具有自尊、自信、自强的民族意识。文化是维系一个民族生存和发展的强大动力。一个民族的存在依赖文化，文化的解体就是一个民族的消亡。

　　随着我国综合国力的日益强大，广大民众对重塑民族自尊心和自豪感的愿望日益迫切。作为民族大家庭中的一员，将源远流长、博大精深的中国文化继承并传播给广大群众，特别是青年一代，是我们出版人义不容辞的责任。

　　本套丛书是由吉林文史出版社和吉林出版集团有限责任公司组织国内知名专家学者编写的一套旨在传播中华五千年优秀传统文化，提高全民文化修养的大型知识读本。该书在深入挖掘和整理中华优秀传统文化成果的同时，结合社会发展，注入了时代精神。书中优美生动的文字、简明通俗的语言、图文并茂的形式，把中国文化中的物态文化、制度文化、行为文化、精神文化等知识要点全面展示给读者。点点滴滴的文化知识仿佛颗颗繁星，组成了灿烂辉煌的中国文化的天穹。

　　希望本书能为弘扬中华五千年优秀传统文化、增强各民族团结、构建社会主义和谐社会尽一份绵薄之力，也坚信我们的中华民族一定能够早日实现伟大复兴！

目录

一、先秦兵勇 ⋯⋯⋯⋯⋯⋯⋯ 001

二、秦汉三国两晋南北朝兵勇 023

三、隋唐五代兵勇 ⋯⋯⋯⋯⋯ 055

四、宋元兵勇 ⋯⋯⋯⋯⋯⋯⋯ 063

五、明清兵勇 ⋯⋯⋯⋯⋯⋯⋯ 081

六、古代著名兵勇 ⋯⋯⋯⋯⋯ 097

一、先秦兵勇

（一）夏代

尧在位时，黄河流域洪水为灾，庄稼被淹，房子被毁，老百姓只好迁居高处。不少地方出现了毒蛇猛兽，伤害人畜。面对此情此景，尧急忙召开部落联盟会议商量对策。会上，首领们一致推荐部落首领鲧去治水。

不料，鲧花了九年时间，也没有把洪

水制服。因为他只懂得水来土掩，造堤筑坝，结果洪水冲塌了堤坝，水灾反而更严重了。

舜接替尧当部落联盟首领后，亲自到治水的地方去考察。他发现鲧办事不力，就把鲧撤职流放，让鲧的儿子禹继续治水。

禹没有采用父亲的做法，转而开渠排水，疏通河道，要把洪水引到大海中去。

禹和老百姓一起劳动，带头挖土挑土，三过家门而不入，累得磨光了小腿上的汗毛。

经过十三年的努力，禹终于把洪水引入了大海，地面上又可以种庄稼了。

后代的人都称颂禹治水的功绩，尊称他为

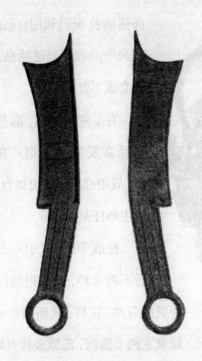

大禹。

舜年老后，也像尧一样，到处物色继承人。因为禹治水有功，拯救了各部落的百姓，所以大家都推举他为舜的继承人。

舜死后，禹做了部落联盟首领。

这时，中国历史已到了氏族公社后期，生产力大为发展，一个人生产的东西除了维持自己的生活外还有剩余。氏族、

部落的首领们利用自己的地位，把剩余产品收为自己的私人财产，从而变成了贵族。

有了剩余产品，部落和部落之间经常发生争夺财产的战争。这样，战争登上了历史舞台，而战争中的主角便是兵勇。

在战争中，其中一方捉住俘虏后不再杀掉，而是把他们变成奴隶为贵族劳动。这样，就渐渐形成了奴隶和奴隶主两个阶级，氏族公社开始瓦解了。

由于禹在治水中的功绩，提高了部落联盟首领的威信和权力。禹年老时曾经到东方视察，在会稽山（在今浙江绍兴一带）召集许多部落的首领开会。与会者朝见禹时都献上玉帛，仪式十分隆重。有一个叫做防风氏的部落首领迟到了，禹认为他怠慢，就把他斩了。这时，禹已经从部落联盟首领变成名副其实的国王，握有生杀大权了。

禹开始行使王权，如有不听号令者，就亲率兵勇征讨。禹曾征讨三苗，亲临战阵，勇武神威，战功卓著，打败了苗军，打死了三苗酋长，势力范围达到江淮流域。《墨子·兼爱下》中的《禹誓》即禹征讨三苗时的誓师之词。

禹把全国分为九州：冀州、兖州、青州、徐州、扬州、荆州、豫州、梁州、雍州。他还把各方诸侯送来的青铜铸成九个鼎，象征天下九州，便于管理。

中国古代兵勇随着国家的产生而产生，并与整个国家的经济、政治制度相适应，体现着统治阶级的意志，为统治阶级的利益服务。

夏王既是国家的最高统治者，也是兵勇的最高统帅。大臣平时管理民事，战时即为军队将领。夏王不仅拥有强大的王室兵勇，而且还可以征调各诸侯的兵勇。

（二）商代

商汤（前1617—前1588年在位）是商朝的创建者，在位30年，其中17年为诸侯，13年为商朝国王。他用贤臣伊尹和仲虺为左右相，以亳为都城，积极治国，国富兵强。

当时夏朝的国王名字叫"桀"，史称"夏桀"。他骄奢淫逸，宠用嬖臣，对民众及各诸侯国进行残酷的压榨和奴役，激起了强烈的反对。

商汤顺应民意，起兵灭夏。他首先攻灭拥戴夏桀的葛国（今河南宁陵北），接着又攻灭拥戴夏桀的韦国（今河南滑县东南）、顾国（今河南范县东南）、昆吾国（今

河南许昌东部）。经过十一次战争，夏王朝空前孤立了。最后，商汤亲率大军，一举攻灭了夏王朝。

商汤以武力灭夏，打破国王永定的说法，史称"商汤革命"。历史证明，兵勇是改朝换代的工具，是革命的武器。

五进位制以及十进位制是人类普遍采用的计数方法，因此很早就用来计算兵勇了。商朝兵勇的基本编制单位就是"什"和"伍"。"什"有十个兵勇，"伍"有五个兵勇。

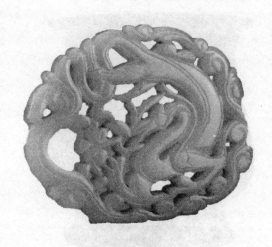

古代兵勇作战时往往会排列成左、右两路或左、中、右三路的阵势，由此影响到兵勇要采用二进位或三进位（包括其倍数）的编制。

甲骨文中的"行"字是十个"什"，"行"由"百夫长"指挥；十个"行"为"大行"，由"千夫长"指挥；作战时习惯按照左、中、右各一个"大行"来排列阵势，投入战斗的三个大行称为"师"，这是商代最基本的战略单位。

商王亲自率领的"王师"是由三个

"师"组成的。

商朝战车五辆一组，前三后二，每辆有三套作战武器，每辆有三名兵勇。

商代的战车编制是五进位制。五辆一队，五队二十五辆。一次出动的战车如果超过二三百辆，就由商王亲自指挥了。

商代开创的这种"什伍"之制被取代商朝的周朝所继承。周武王讨伐商纣王时，曾发布《牧誓》，里面就曾提到"百夫长"和"千夫长"。

（三）西周

周武王姬发是周文王姬昌的次子，他继承父亲遗志，于公元前11世纪率领大军消灭商王朝，夺取全国政权，建立了周王朝。在战争中，他表现出了卓越的军事才能。他不但是中国历史上的一代名君，而且也是兵勇的最高统帅。

周代的兵勇仍以战车为核心，一辆战车及其配属的步兵合称"乘"，是最小的编制单位。一乘战车上有三名甲士，由贵族组成。在左侧的称"车左"，持弓射箭，是主要的攻击力量，为一车之长，号为甲首；在右侧的称"车右"，手持戈矛，勾刺敌人，又称"骖乘"；在中间的甲士为驭手，负责驾驶战车。

每乘配徒役20名，由平民或者奴隶充当，是战车兵的侍从。其中5名提供后勤服务，负责养马和准备伙食；另外15名参加战斗，在车后护卫战车，在战车冲破敌人队形时进行格斗厮杀。

周代兵勇每5乘编为1队，由仆射指挥；每10队编为1"卒"，由"卒长"指挥；每2卒编为1"师"，由"师氏"指挥。

周代仍然以"师"为基本单位，但师的数量增加了，兵力更强了。周王朝兵力最多时多达14个师。

（四）春秋战国时期

周幽王十一年（前771年），周幽王因

宠爱褒姒，废掉了申后和太子宜臼。申后之父申侯勃然大怒，联合犬戎进攻周王朝，杀了周幽王。

次年，一些诸侯把周幽王的太子宜臼立为天子，是为周平王。平王即位后，戎狄势力在王畿内继续发展，严重地威胁着王室的安全。平王不得不远避其锋，将都城从陕西东迁洛邑（今河南洛阳附近）。历史将平王以前的周朝称"西周"，东迁洛邑以后的周朝称"东周"。

东周历经春秋时期和战国时期，由于铁器的普遍使用，促进了生产力的急速发展，推动了生产关系由奴隶主所有制向封建地主所有制的变革，导致奴隶制社会向封建社会转化。新兴地主阶级开始夺取政权，并实行变法，从而促进了地主政权的巩固，推动了封建地主经济的发展。

由于地主经济的发展，较强大的诸侯国开始掠夺其他国家的土地和人口，兼并战争愈演愈烈，日益频繁残酷。

这时，周天子丧失了昔日的权威，成为名义上的共主，而齐、晋、楚、吴、越等诸侯大国迭起争霸，开始代天子发号施令了。

争霸战争此起彼伏，兵勇成了争霸的工具，军事制度也伴随着时代的前进而发生了相应的变化。

春秋时期，军队中步兵的比重逐渐增大了。每乘步兵从25名逐渐增加到50名、75名，而楚国军队每乘战车竟配有步兵100名。

随着造船技术的发展，水军作为一种独立的兵种在战斗中逐渐形成了。楚康王十一年（前549年），楚国出动了一支水军进攻长江下游的吴国。这次战役被称为"舟师之役"，这是史籍上首次关于水军的记载。

楚国是最早组建水军的国家，而且经常以水军发动战争的也是楚国。楚平王六年（前523年），楚国组建水军北上进攻濮城；楚平王十二年（前517年），楚国与越国约定夹击吴国，也是出动水军进攻吴国的边境地区。

楚昭王元年（前515年），吴国进攻楚国潜城，楚军以水军包抄吴军后路，使吴军难以退兵。楚昭王八年（前508年），楚国再次进攻吴国，双方在豫章一带对

峙。这时，吴国组建了一支水军，用作疑兵之计，主力暗中袭击楚国巢城，拔掉了这个军事重镇。

楚昭王十二年（前504年），吴国水军一举打败了楚军的水军。楚国担心亡国，曾一度迁都。

吴王夫差十一年（前485年），吴国派徐承率领的一支水军从海路北上，远袭齐国。这次为远程渡海作战而编成的水军，标志着中国海军编制的正式形成。

当时，水军战船上配备手持弓、戈、戟、剑、盾等不同武器的战士和专门的划

船手。

在这一历史时期，步兵作为独立兵种正式出现了。

晋平公十一年（前547年），晋国统帅荀吴率领晋军与北方少数民族狄人在太原北面的山区作战时，因地势险要，战车难以行驶，部将魏舒建议说："狄人都是步兵，我们的战车在山区里无法发挥作用，步兵困在战车旁边也一筹莫展。为了获胜，不如让自我以下的所有甲士全都下车徒步作战。"荀吴同意这个建议，让魏舒担任前敌指挥。魏舒下令道："从速拆毁战车，所有甲士和跟随战车的步兵混编列阵。"这时，自认为出身高贵的车兵不愿下车和步兵混在一起，魏舒当机立断，把荀吴的一个亲信车兵当场斩首示众。车兵见状，无不震恐，纷纷下车排阵。魏舒用一支小部队在前面诱敌，将主力排列在阵后两侧。狄人没见过晋军徒步作战，顿时哄堂大笑，也不列阵就蜂拥而上，正中了魏舒的诱敌之计。晋军主力两侧合击，狄人大败。这是历史上首次在战场上随机应变、临时组编步兵的战例。

步兵作为华夏军队的一个独立兵种，从此诞生了。

在战国时期，步兵已经是军队作战的主力了。此后，历代步兵一直占军队的绝大部分编制。

在这一历史时期，骑兵也已

经初具规模。

马是人类很早就驯服并用于战争的动物。但是，早期的骑兵既没有马鞍，也没有马镫，全靠自己双腿用力紧夹马腹奔驰作战，因而在马背上很难使用身体力量来进行劈砍、刺杀等格斗动作，主要靠射箭来杀伤敌人。

从小在马背上长大的游牧民族善于高难度的骑射、格斗，而中原地区的各国军队到较晚时才开始组建骑兵队。

当时，华夏民族服装是宽袖长袍，骑在马上连射箭都很困难。地处北方的赵国在长期与游牧民族的冲突中痛感骑兵的重要性，因此赵武灵王毅然下令推行"胡服骑射"，将骑兵的服装改为与游牧民族相同的窄袖短衣，建立起一支可以与游牧民族作战的骑兵队。

由于那时还没有马镫，骑兵难以进行马上格斗。在野战中，骑兵一般不在正面进击敌人，主要用于包抄、迂回、追击等。

战国时期，骑兵的编制规模不大，不能独立执行战役任务。

二、秦汉三国两晋南北朝兵勇

（一）秦代

秦始皇统一中国后，为了维护和巩固统一的封建帝国，采取了一系列加强国防建设和边防守备的重大战略措施。在秦始皇的努力下，不久便建立起空前强大的国防。

秦朝是中国历史上第一个统一的中央集权的封建国家，其军事制度是在战

国时期秦国商鞅变法的基础上形成和发展起来的。

秦朝兵勇置于皇帝的严格控制之下，太尉负责全国军事行政，战时随时任命将军统兵出征。

秦军分为京师兵、地方兵和边兵三部分。

京师兵主要由郎官、卫士和守卫京师的屯兵组成：郎官由郎中令统领，卫士由卫尉统领，负责宫廷内外的警卫。负责守卫京城的屯兵由中尉统领。

地方兵置于郡、县，一般由郡尉、县

尉（亦称都尉）协助郡守或县令统率，平时维持地方治安，战时由中央调遣。征调地方兵时，必须以皇帝的虎符为凭证。

边兵主要负责边郡戍守，由边郡郡守统领。

秦军分为轻车（车兵）、材官（步兵）、骑士（骑兵）、楼船士（水兵）四个基本兵种。平原诸郡多编练骑士、轻车，山地诸郡多编练材官，沿江、沿海诸郡多编练楼船士。

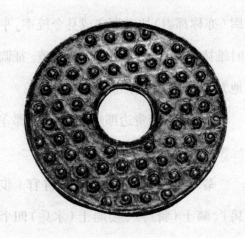

秦军沿袭战国时期的郡县征兵制，男子17岁要登记在册，每年在郡县服劳役一个月，主要从事木石工程劳作，称"更卒"。

更卒一生中要轮流在郡县服兵役一年，充材官、骑士、楼船士；在京都或边郡服兵役一年，当卫士或当戍卒。

卫士警卫皇宫和官衙，戍卒屯戍边疆。

不服役时，登记在册的是预备役人员，遇有战事，朝廷临时征发，奉调出战，到60岁才能免役。

秦朝还实行"谪戍"制度,即谪罚商人、贫民、有罪官吏征战或戍边,并在紧急情况下大赦刑徒、奴隶为兵。

秦朝设有免役制度:有爵者56岁免役,无爵者60岁免役;贵族子弟、高爵官吏、学室弟子、残疾人等,可免服兵役和徭役。

秦军训练制度极为严格:射手发弩不中,驭手不会驾车,骑士和马匹课试最劣者均要受罚,有关督训官吏及负责选募者也要受罚。

（二）汉代

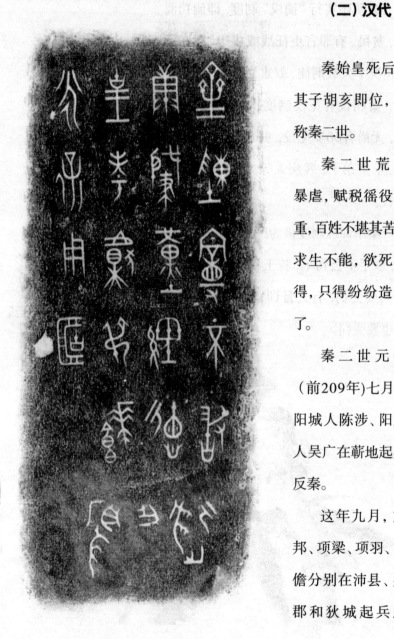

秦始皇死后，其子胡亥即位，史称秦二世。

秦二世荒淫暴虐，赋税徭役过重，百姓不堪其苦，求生不能，欲死不得，只得纷纷造反了。

秦二世元年（前209年)七月，阳城人陈涉、阳夏人吴广在蕲地起兵反秦。

这年九月，刘邦、项梁、项羽、田儋分别在沛县、吴郡和狄城起兵反秦。

秦王朝覆灭后，刘邦、项羽之间爆发了楚汉之争。最后，项羽垓下自刎，刘邦重新统一中国，建立了汉朝。

汉代执行征兵制，军队编制基本沿袭秦代编制。

汉代军队包括京师兵、郡国兵、边防兵三部分。

京师兵指南北军，因驻地分别位于长安城内南北而得名。

南军的主要任务是负责保卫宫廷，成员有卫士、郎官之别。卫士是郡国轮流服役的正卒，由卫尉统领；郎官由高官子弟和品学兼优之士组成，由郎中令统领。

北军主要任务是警备长安及京畿地区，士兵多征调三辅正卒，一年一轮换，由中尉统率。

在非常时期，南北军由皇帝指定重臣统领。

南北两军各有两万人，汉武帝时各减至一万人。

由于正卒一年一轮换，不利于保卫京师。汉武帝即位后，组建职业兵为侍从军和禁卫军：南军增设期门、羽林和羽林孤儿；北军增设中垒、屯骑、步兵、越骑、长水、胡骑、射声、虎贲八校尉兵，分驻京城内外。南北军由此扩展成为皇帝亲自掌握的一支重要军事力量。

期门军是汉武帝于建元三年(前138年)建立的,由侍中、常侍、武骑及待诏陇西、北地等六郡良家子弟中善于骑射者组成,约有一千人,归光禄勋掌管。因为侍从武帝,经常在殿门候驾,所以有"期门"之名。

羽林军于太初元年(前104年)选六郡良家子弟组成,约七百人,也属光禄

勋。羽林军取"如羽之疾，如林之多"之意。

羽林孤儿军是由在沙场战死者的子弟组成的，因为由国家在羽林官署抚养，教习骑射，所以称"羽林孤儿"。

八校尉兵是禁卫军，于元鼎六年（前111年）建立，共有八支，每支有士卒约七百人。因由八个校尉率领，所以称八校尉兵。

八校尉的士卒都由招募而来，是职业兵，这是中国古代募兵制的开始。这支军队后来发展为西汉王朝的军事主力，经常用于镇压人民起义或进行民族战争。

郡国兵即地方兵。汉初，高祖令各郡国选择勇武有力者组成郡国兵参加军事训练。

汉朝郡、国并行：

郡置太守，为地方最高

军政长官，以都尉辅佐掌管兵员征集、训练、考核校阅、维持治安、出征，以及武器装备的制造、管理等。郡下设县，县令（长）兼理军、民两政，置县尉助理军事和掌管治安。

与郡平行的国指诸侯王国，以相为行政长官，兼掌军事。相下置王国中尉、郎中令、卫尉等统领军队，负责王宫宿卫和维持王国治安。县下还有乡、亭等基层组织，各置官吏掌管本地正卒训练和治安、邮驿、户籍、兵役等军政事务。

东汉时，裁罢都尉，其职并入太守。原来作为监察区划的州（部）逐渐演化为郡之上的行政单位，州刺史内掌民政，外统兵马，地方官的权力开始膨胀起来。

黄巾起义后，战争频仍，刺史、郡守不仅有领兵权，还有征兵、募兵权，从而埋下了分裂割据的种子。

汉朝兵勇在中国历史上功不可没：一是赶走了穷凶极恶的匈奴入侵者，让百姓过上了安定的日子；二是打通了西域走廊，沟通了中西方的交流，加快了历史前进的步伐。

（三）三国时期

东汉献帝建安二十五年（220年），曹操病死。这年八月，他的儿子曹丕逼迫汉献帝让位，自己做了皇帝，建立魏国，东

汉自此灭亡了。

次年，刘备在四川称帝，建立蜀汉。

229年，孙权在江东称帝，建立了吴国。

从此，中国历史进入了三国时期。

三国形成之初，沿袭东汉旧制，主要实行募兵制。

后来，因长期战乱，逃兵增多，人口减少，募兵困难，所以曹丕、刘备、孙权都开始逐渐实行不同名目的世兵制，以确保兵源。

当初，曹操将士兵家属集中起来，选地居住，作为人质，并从中获取后备兵员。曹操称这种家属沦为人质的兵勇为"士"，以服兵役为终身义务；其家属称士家或兵户、军户。

士家另立户籍，与民户分离，子孙世代为兵，士兵叛逃时要罪及家属。同时规定士家女子不得外嫁，士死后寡妻遗女仍陪嫁士家，以繁衍士之后代。

吴国实行世袭领兵制，将帅世袭，所统之兵也世代相袭，家属随军，住在军营里。

三国时期，除世兵制外，还用招募、收降、征兵等措施补充军队。另外，也从少数民族中获得大量兵源，如魏国的乌桓兵、凉州兵，蜀国的南中飞军、叟兵，吴国的山越兵等。

三国沿袭汉制，建有抚恤制

度: 如士卒死亡, 要收殓葬埋。魏国还曾
规定送遗体至其家, 官府为之设祭; 对伤
残将士全免徭役, 授给土地, 发给耕牛,
分给米谷等。

　　三国注重以法治军, 有管理、训练制
度, 并严明赏罚, 以确保其施行。三国将
领出征或镇边时, 都将其家属作为人质。
各国都重视军事训练: 诸葛亮在成都附
近以八阵图演练军队, 曹操作玄武池培

训舟师，孙权利用江湖大练水军。

三国军队补给主要由政府筹办。军粮、军费依靠田赋和屯田收入，其中屯田收获的军粮所占比重很大。

三国普遍实行世兵制和军屯制，是当时政治和经济的产物，与军事斗争是相适应的。

世兵制有较强的人身依附性，对后世兵勇地位的低贱化和门阀制度的形成有直接影响。

（四）两晋

265年，曹魏大臣司马懿之孙司马炎篡夺皇位，改国号为"晋"，定都洛阳。

司马炎就是晋武帝，他以强大的军事力量灭掉蜀国和吴国，统一中国，结束了东汉末年以来的混战局面。

西晋统一全国后，沿袭曹魏的军事制度，又于各王国设置军队，并盛行世兵制。东晋时，建军方式改以募兵制为主。

西晋（265—317年）军队分为中军、外军和州郡兵。

中军直属中央，平时驻守京城内外，有事出征。驻在城内的中军为宿卫兵，由左、右二卫负责宫殿宿卫，其他兵勇担任宫门和京城宿卫。驻在京城外的中军称牙门军，无宿卫任务。中军力量强大，晋初多达36个军，总兵力不下10万人。

外军驻守重要州镇，由都督分领。晋武帝为加强王室对军队的控制，用宗室诸王充任都督，出镇四方，并允许诸王置

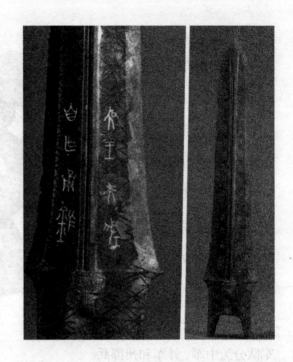

兵，大国三军5000人，次国二军3000人，小国一军1500人，成为外军的特殊组成部分。

州郡兵是地方武装。晋武帝平灭吴国后，曾下令诸州取消州郡兵，仅置武吏，大郡100人，小郡50人，用以维持治安，但实际上取消的州郡兵甚少。

西晋是世兵制的全盛时期。兵勇全入兵籍，单独立户，不与百姓混同，父死子继，世代为兵。

兵勇及其家属的社会地位低于郡、县编户百姓。

为扩大兵源，西晋还用奴隶和罪犯当兵，作为世兵制的补充。

军队的主要兵种是步兵，其次有骑兵和水军。

兵勇的武器由政府统一供给。国家建武库贮备兵器，中央设卫尉总管武库和冶铸事宜。军队的粮食和布帛也由政

府统一供给和管理。

317年，西晋琅玡王司马睿在建康（今江苏南京）称帝，建立了东晋王朝。

当东晋偏安南方一隅的时候，西北边疆的匈奴、鲜卑、羯、氐、羌等少数民族首领也先后称王称帝。在一百三十多年的时间里，他们先后建立过大大小小十几个政权，历史上称这一时期为"五胡十六国"。

后来，由氐族人建立的国家——前

秦强大起来。357年，苻坚做了前秦的皇帝，重用汉族知识分子王猛治理朝政，推行一系列改革政治、发展经济和文化、加强军事力量的积极措施，使前秦逐渐强大起来。经过二十多年的努力，前秦先后灭掉了前燕、代、前凉等割据政权，逐步统一了黄河流域地区，成为当时北方各国中疆域最大的一个国家。

东晋（317—420年）中军软弱，宿卫军往往有名无实。而统率外军的都督、刺史却拥兵自重，跋扈一方。尤其是长江上游的州、镇，兵势之强往往超过中央。

东晋的兵员多

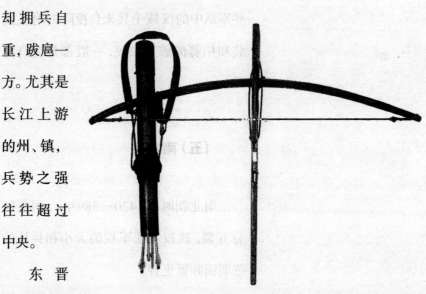

用募兵制解决，如参加淝水之战的北府兵多是由广陵(今扬州)一带招募的。

十六国从中军、外军的组织体制到都督、将领的领导指挥系统，大体沿袭曹魏、西晋制度。但在兵役制度上，却具有北方少数民族的特点。各国统治者大都把本族的部族兵作为基本兵力，加强少数民族在军队中的比重。这些军队中的汉族士兵来自投降的坞堡武装和招募的破产农民，一般都是终身为兵。

(五)南北朝

南北朝时期(420—589年)，国家四分五裂，政权常依军权的大小和兵势的强弱而频繁更替。

北魏政权建立后，逐步吞并了十六

国中幸存的后燕、夏、北燕、北凉等国，于太武帝太延五年（439年）统一北方，开始与南朝形成南北对峙的局面。

南朝军队体制基本沿袭晋制，世兵制衰落，主要实行募兵制。南朝历经宋、齐、梁、陈四朝，这四朝的军队都有中军和外军之分。

中军直属中央，平时驻守京城，战时出征。宿卫京城的编为领、护、左卫、右卫、骁骑、游击等六军。宋武帝刘裕曾恢复屯骑、步兵、越骑、长水、射声等五校，加强殿中和东宫的宿卫兵力，以图扭转东晋以来内弱外强的局面。但是，由于宗室自相残杀而未能执行到底。后来，各个政

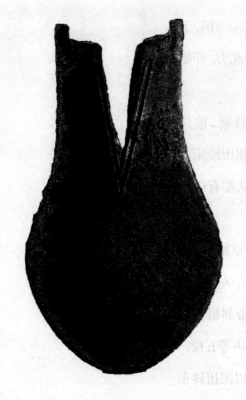

权都未能改变这种内弱外强的局面。

外军分属各地都督,都督多兼刺史,常拥兵自重,与中央抗衡。

南朝军队以步兵和水军为主,骑兵较少。初期,兵员来自世兵。后来,由于战争消耗,士兵逃亡或被私家分割,部分兵户变为民户,兵源趋于枯竭。于是,募兵制逐渐成为主要的建军方式;私家也通过募兵组织部曲,也就是私人武装。

募兵的对象是失掉土地到处流亡的农民,将领待兵较好,士兵的地位和战斗力渐渐高于世兵了。

北魏拓跋氏初期实行兵民合一的部族兵制,入主中原后逐步封建化,于后期创立了府兵制。

北魏军队初期以鲜卑族为主体，分别由各部落酋长率领。也吸收被征服民族的新丁当兵，几乎是单一的骑兵。在其统治范围扩展到汉族集中居住的地区以后，汉民当兵人数渐渐增加了。

北魏时期，攻城战增多，军队由单一的骑兵变为步兵和骑兵联合作战。后期，步兵比重超过骑兵，成为主要兵种。

北魏统治扩大到中原以后，军队分为中兵、镇戍兵和州郡兵。中兵主要担任宫廷及京城的宿卫，也是对外作战的主力。

镇戍兵是为保卫边防而设置的，初时仅设置在北部边境，后来扩展到南部边境。镇相当于州，设镇都大将、都副将、大将、将等军

官；戍相当于郡，设戍主领兵，一般由郡守兼任。各镇、戍大小不一，兵额不等，多达数万，少仅千人。有的在镇、戍之间还设"防"一级的组织。

州郡兵，置都尉统领，是诸州所辖的、维持地方治安的部队，有时也奉皇帝调遣出征或充作镇戍兵。

北魏后期出现兵户，包括充当中兵羽林、虎贲的鲜卑族人，镇戍边防的鲜卑族人，中原强宗子弟、迁配为兵的罪人及其家属，叛逃被追回后迁至内地的北方少数民族和一部分被征服的南朝民户。

兵户丁男终身为兵，世代相袭，社会地位低于民户，生活艰难。

同时，汉族民户也要定期轮番服役，最初主要充当诸戍的戍卒和诸防的防人，后来也常并入中兵。

北魏军队中，部族兵的给养由各部自行掠取。中期以后，中兵、镇戍兵由朝廷向州郡征收军粮，统一供给，同时实行屯田积谷。

东魏和北齐的军队主要是原六镇和洛阳的鲜卑兵。北齐初加以精选，称"百保鲜卑"，又选汉族勇士守边。河清三年（564年）均田令规定：男子18岁领取田地，20岁当兵。

西魏大丞相宇文泰于大统九年（543年）广

泛招募各地汉族豪强地主从军，通过他们的从属关系带来了大量家兵、部曲等私人武装。西魏政权根据他们所带军队的多寡授予其不同的爵位。

这种使地方割据的私人武装中央化的办法，不但增强了朝廷的兵力，同时也使鲜卑部族兵制与汉族封建兵制逐渐结合，形成了"府兵制"。

宇文泰于大统十六年（550年）确立府兵制，选拔体力强壮者充当府兵，府兵与民籍分开，不属郡县管辖，他们只管打仗，不负担其他赋税，社会地位要比世兵高。

北周武帝时，府兵成为中央宿卫军，归皇帝直接掌握。平时轮番服役，半月宿卫，半月训练；战时则出征打仗，临时命将，以便皇帝控制和指挥。

北周武帝时，为扩大兵源，对九等户中第六等以上的民户实行征兵制，规定三丁征一。后来，由于战争频繁，征兵对象扩大到贫下户在内的一般享受均田的农民。

府兵是西魏、北周军队的主力，但不是唯一的军队。当时，中军除府兵担任京城宿卫外，还有专任宫廷侍卫的禁军。

地方的镇戍兵、州郡兵仍然存在，不属于府兵系统。

此外，南北朝时期，世家豪族势力强大，大都拥有人数众多的家兵、部曲。

三、隋唐五代兵勇

中国唐朝灭亡后的五十多年间，封建割据越来越严重，朝代更迭频繁，中原地区先后建立了后梁、后唐、后晋、后汉和后周五个朝代，同时南方和其他地区还有一些割据一方的政权，主要有吴、南唐、吴越、楚、闽、南汉、前蜀、后蜀、荆南、北汉等十国，因此史称这一时期为"五代十国"。在五代十国时期，军事制度十分混乱。

五代各朝帝王都是战将，依靠亲军夺取政权，因而极其注重加强军事领导机构，以便牢牢掌握军队。

五代主要实行募兵制，招募士兵时先要进行体检，还要视其行走跳跃之态，合格者才有资格登记在册。为了标明隶属关系和防止逃亡，凡应募士兵都要文面，即在脸上刺上军号。

五代有时还征集在乡丁壮为兵，称为乡兵。如后晋开运元年（944年），下令诸道、州、府、县征集乡兵，规定七家税户

共出一兵, 兵杖器械由七家合资置办。又如南方吴国武义元年(919年), 下令征集乡兵, 教习战守。此外, 也有强令出钱或缴纳实物以代兵役的情况, 这事实上是由兵役演变为军赋了。

五代时, 除庞大的军费开支外, 主帅为了驱使部下卖命, 针对士兵的赏赐很多。如后汉高祖刘知远为了出战, 曾拿出后宫所有积蓄犒军。

五代时养军耗费极大, 相沿成习, 成为各代的沉重负担。

五代时军队骄悍成风，纪律松弛，打起仗来往往临阵溃散。为此，后周世宗柴荣曾整顿军队。显德元年（954年），高平之战险遭失败后，周世宗下令先斩了不战自溃的右军主将以下七十余名将吏，使骄兵悍将心有所惧。接着，周世宗挑选诸军精锐者升为上军，羸弱者予以遣散；还挑选各节度使属下的骁勇之士充当禁军，用以削弱地方兵权。整顿后，后周军队兵强马壮，征伐四方，所向皆捷。

周世宗的这番整顿，为后来宋太祖统一全国打下了基础。

四、宋元兵勇

（一）宋代

五代后周显德六年（959年），当后周世宗柴荣夙兴夜寐，励精图治，南征北战，打算统一全国的时候，却不幸突然生病去世了。他7岁的儿子柴宗训即位，史称后周恭帝。

第二年正月初一，正当后周君臣庆贺新年的时候，北方传来警报说："北汉和辽国联兵南下，声势很大！"后周宰相范质和王溥等人不辨真假，忙派殿前都点检赵匡胤率领大军前去迎战。

赵匡胤率领大军出发后，走到汴京东北一个叫陈桥驿的地方住了下来。这天晚上，将士们在一起议论朝政，赵匡胤的一个亲信说："如今皇上年幼，不能主持朝政，我们舍生忘死为国杀敌，有谁知道呢？不如先立赵点检做天子，然后北上。"大家听了，都齐声叫好，便一同拥戴赵匡胤建立宋朝，做了皇帝，是为宋太祖。

宋朝主要实行募兵制，招募对象多为灾区饥民，并实行灾年招募饥民为兵的养兵制度。此外，还鼓励军中子弟接替父兄当兵，或以罪犯充军。兵源缺乏时，也抓壮丁。宋朝规定一经应募后，便终身为兵了。

北宋（一）

　　北宋规定诸路募兵由长吏或都监负责，以"兵样"或"木梃"为标准，选高大壮健者充当禁军，短弱者充当厢军。新兵入伍，即在脸部或手臂上刺字，以标明军号，因此招募又称"招刺"。家属可随住军营。

　　宋军实行拣选制度，每年春秋按上、中、下三等标准进行考核，壮健有武技者，可由厢军升为禁军，武技出众者有赏，可以补官。武技不及下等者，马军降为步军，又次者降为厢军。老弱者或降低级别，或消除军籍，或降充"剩员"，供军中杂役。

禁军、厢军以及土军，一般60岁退役，其衣粮供给减半。阵亡军士家眷有抚恤，因作战伤残者也有安置的规定。

宋朝武装力量主要由禁军、厢军、乡兵、蕃兵构成，此外还有土军和弓手。

禁军是中央军，包括皇帝宿卫军和征战戍守部队。

厢军属地方军，名为常备军，实是各州府和某些中央机构的杂役兵，受州府和某些中央机关统管，主要任务是筑城、制作兵器、修路建桥、运粮垦荒以及侍卫、迎送官员等，一般无训练、作战任务。

乡兵也称民兵，是按户籍丁壮比例抽选或募集土人组成的地方民众武装，平时不脱离生产，农闲时集中训练，担负修城、运粮、捕盗或协同禁军守边等任务。各

地乡兵名目很多，编制也不统一。乡兵最多时，仅陕西、河北、河东三路总数即多达42万余人。

蕃兵是北宋西北部边防军，由陕西、河东与西夏接壤地区的羌人部族军组成。部族首领被封军职，率部族军戍守边境。其编制因族而异，至宋神宗时才采用统一编制。

土军和弓手属地方治安部队，由巡检和县尉统辖。土军为神宗时所设，隶属各地巡检司，原为吏役，后改为雇募民丁，隶属于各地县尉司。

南宋军队变化较大。初期，北方禁军主力大部溃散，重新编组的中央军称屯驻大兵。

南方厢军沿袭北宋旧制，专供杂役，不事征战。

南宋乡兵十分英勇，在与金、元侵略者的对抗中曾发挥过巨大的作用。

（二）元代

1259年，蒙古帝国大汗蒙哥于四川驾崩，其四弟忽必烈与七弟阿里不哥开始争夺汗位。

这年11月，阿里不哥在元朝大多数蒙古正统派的支持下于蒙古帝国首都哈拉和林即大汗位。

与此同时，忽必烈在中原儒臣及部分蒙古宗王的支持下也自称大汗。

1260年4月，忽必烈设立中书省，总管国家政务。

这年5月，忽必烈颁布《即位诏》。

忽必烈与阿里不哥展开了长达四年的汗位争夺战。

1264年，阿里不哥兵败投降，忽必烈成为蒙古帝国的大汗。

至元九年（1272年），在汉族大臣刘秉忠的规划下，忽必烈建都于大都（今北京）。中国历史上的元朝从这一年开始了。

至元十三年（1276年），元军攻

陷南宋都城临安（今浙江杭州），俘虏了6岁的宋恭帝和他的母亲全太后，押往大都。

临安陷落时，宋恭帝的哥哥赵昰和弟弟赵昺逃往温州。这年五月，礼部侍郎陆秀夫、宰相陈宜中、大将张世杰、大将苏刘义等人在福州拥立赵昰为帝，史称宋端宗，改年号为景炎，进封赵昺为卫王，进封赵昺的母亲杨氏为太妃，由杨太妃代幼主听政。

　　宋端宗三年（1278年），元军从水路追击宋端宗，宋端宗避入广州湾。一天，龙舟突然倾覆，宋端宗落水，虽被随从救起，但已喝了满腹海水，一连几日讲不出话来，恹恹成病。

　　因元军追兵逼近，宋端宗不得不逃往碙州（今广东省雷州湾），不幸于几个月后死去。

　　宋端宗死后，陆秀夫、张世杰、苏刘义又拥立8岁的卫王赵昺为帝，杨太妃照旧听政，陆秀夫、张世杰协力辅佐，苏刘义负责小皇帝的安全。

在广东新会县南80里的海中有一座山叫厓山，地势险要，可以坚守。张世杰认为碙州不可久留，于是小朝廷迁到厓山。

元军尾随而至，向厓山发起猛攻，双方将士展开肉搏，战斗异常激烈。结果，宋军大败，血流成河，染红了海水。

陆秀夫走到赵昺船中，对他说："国事至此，陛下应当为国而死。德祐皇帝北上后，受尽了奇耻大辱，陛下可不能再受辱了！"说罢，抱着9岁的赵昺投海而死，

宫女和群臣也纷纷投海自尽。

至此，南宋彻底灭亡，元朝统一了全国。

元朝军事防卫分为两大系统，即戍卫京师（大都和上都）的宿卫系统和

镇守全国各地的镇戍系统。

宿卫军队由切薛军和侍卫亲军构成。切薛是蒙古语，是轮流值宿守卫的意思，切薛军指蒙古禁卫军。元朝建立后，保留了成吉思汗创立的切薛军轮番入侍之制，用他们担任护卫侍从，常额在万人以上，由皇帝或亲信大臣直接节制。

镇守全国各地的镇戍军布局如下：

河北、山东、山西主要由蒙古军和探马赤军戍守。探马赤军是由从各千户、百户和部落中拣选出来的士兵组成的精锐部队，在野战和攻城时充当先锋，战事结束后驻扎在被征服的地区。

华北、陕西、四川等地由各地区的蒙古军都万户府（都元帅府）统领的蒙古军和探马赤军戍守。

南方以蒙古军、汉军（金朝降军）、新附军（南宋降军）驻戍，防御重点是长

江流域和淮河流域。某一方面有警时，这些军队由行枢密院统领；平时日常事务归行省统辖；但调遣换防等重要军务仍受枢密院节制。

元代全国兵马总数只有皇帝和枢密院的蒙古官员知道，行省兵马数目也只有为首的蒙古官员知道。

　　元代漠北草原和漠南一带的蒙古人仍过着兵民合一的游牧生活，战时出征，平时放牧牛羊。蒙古民户按千户、百户、十户的十进制组织，在指定的牧地范围内游牧居住，由各级官员管辖，上下级有严格的领属关系。千户、百户、十户是地方行政单位，也是军事组织单位。

　　元代兵勇在蒙古贵族统治和奴役各族百姓时扮演了帮凶的角色，最后消失在农民起义的熊熊烈火中。

五、明清兵勇

（一）明代

元朝的统治日益残暴，日益黑暗。元顺帝（元惠宗）在位时，暴发了韩山童、刘福通、徐寿辉等人领导的红巾军大起义。

安徽省凤阳人朱元璋参加了红巾军，不久因智勇双全升任统帅。他率军南征北战，屡战屡胜。

元顺帝至正二十四年（1364年），朱元璋自称吴王，史称西吴政权。

元顺帝至正二十八年（1368年），朱元璋称帝，以应天府（今南京）为京城，国号大明，年号洪武，建立了明朝。

朱元璋就是明太祖，他命徐达、常遇春等大将北伐，攻占了大都（今北京）。元顺帝仓皇北逃，元朝在中国长达98年的统治宣告结束了。

明朝军队分为京军和地方军两大部分。

京军为全国卫军的精锐，平时宿卫京城，战时作为主力军征战四方。

地方军包括卫军、边兵和民兵。

卫军配置于内地各军事重镇和东南海防要地。

边兵是防御北方蒙古骑兵的戍守部队，配置于东起鸭绿江、西抵嘉峪关的九个

军镇，即"九边"。

民兵是军籍之外、由官府掌管、用以维持地方治安的武装，内地称民壮、义勇或弓兵、机兵、快手，西北边地称土兵，西南少数民族地区有苗兵、狼兵等土司兵。此外，还有不同行业和阶层组建的矿兵、盐兵、僧兵，如少林兵和五台兵等，遇有战争时常被召出征，战争结束后仍回原地。

卫军主要是步军、骑军，东南沿海也有水师。官府曾命福建、江浙沿海诸卫造船抗倭，使水师获得了很大的发展。

明代设在地方统率军队的部门分为都指挥使司、卫、所三级。

都指挥使司又叫都司，是负责一个地区统率军队的领导机关，辖若干卫、所。都指挥使司是省一级"三司"之一，设

都指挥使一人、都指挥同知二人、都指挥金事四人，还根据需要设置若干僚佐胥吏。全国各个都指挥使司分属中央五军都督府领导。

在都司以下，军队的组织分卫、所两级。每卫设指挥使一人为长官，统兵五千人。卫以下再分为五个千户所，设千户为长官，统兵一千人。千户所以下再分为十个百户所，设百户为长官，统兵一百人。在百户之下设两个总旗，每个总旗下有五个小旗，每小旗统兵十人。

卫、所的分布主要根据军事的需要，一般在形势险要的地方设卫，以下再分设千户所为军事据点。

除此以外，明代还设有专门的特殊卫、所和军队，如所谓亲军各卫，又叫上十二卫，是专门负责警卫皇宫和皇城的御林军，其中的锦衣卫逐渐发展成为特务部门，由皇帝直接指挥。这些卫不归五军都督府统率，直属皇帝。又如在军队中设有京军三大营，也是直属皇帝的装备好、训练精的特种部队，五军都督府对它们也是无权过问的。

明代兵勇曾抗击瓦剌和倭寇，也曾抵御后金入侵军，有过不少可歌可泣的事迹。

（二）清代

清朝是中国历史上最后一个封建王朝，也是中国历史上第二个由少数民族统治中国全境的中央政权。

1616年，努尔哈赤建立王朝，国号金，史称后金，定都于赫图阿拉。

1625年，努尔哈赤迁都沈阳，改称盛京。

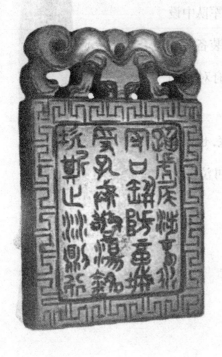

1636年，清太宗皇太极称帝，改国号为大清，改族名为满洲。

1644年，统治中原的明王朝被农民起义领袖李自成所灭，明将吴三桂引清兵入关，打败李自成的大顺军，多尔衮迎顺治皇帝入关，并迁都北京，清朝从此取代明朝成为整个中国的实际统治者。

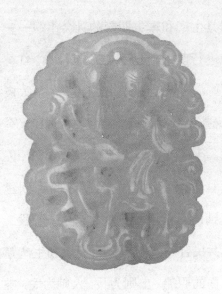

后来，康熙皇帝平三藩，收台湾，统一了全国。

清朝经康熙皇帝、雍正皇帝、乾隆皇帝励精图治，因战乱而遭到严重破坏的经济逐步得到恢复和发展。这段历史被后人称为康乾盛世或康雍乾盛世。

清代前期主要实行八旗、绿营兵制。

八旗军是清太祖努尔哈赤创建的军事组织。他起兵后不久，便对女真族存在的兼具生产和军事职能的社会组织——牛录进行改造，先后建立了黄、白、红、蓝、镶黄、镶蓝、镶白、镶红八旗。皇太极时，又按民族分为满八旗、蒙八旗和汉军八旗。各旗设立都统、副都统、参领、佐领等官职，逐级统辖。从努尔哈赤创建八旗到1644年清军攻占北京这一阶段，八旗兵民合一，兼具军事、行政和生产等多方面的职能。出则为兵，入则为民，耕战二事，未尝偏废，堪称一支能征善战的

精兵劲旅。

八旗军作战时军纪颇严，有进无退，甚至在死伤惨重、尸堆如山的情况下仍无人退缩逃阵。原来满族信奉萨满教，认为阵亡不是战死而是成神了。另外，谁的俘虏便可成为谁的奴隶。因此，八旗军在作战时人人奋勇，个个争先。

清朝定都北京后，满洲八旗兵成为保卫国家、镇压人民的工具。

八旗军有"禁卫"和"驻防"之别。

禁卫八旗驻守北京：镶黄旗在安定门内，正白旗在东直门内，镶白旗在朝阳门内，正蓝旗在崇文门内，正黄旗在德胜门内，正红旗在西直门内，镶红旗在阜成门内，镶蓝旗在宣武门内。

驻防八旗分驻全国各军事重镇，总数约数万人，后渐有增加。

绿营兵制是参照明朝卫所制建立的

汉族兵制。绿营兵由招募的汉人和收编的汉族地主武装组成，以绿旗为标志，以营为单位编组。

八旗兵和绿营兵都实行薪给制，按年月发给一定的饷银和米粮。

清代以八旗监视绿营，八旗兵薪饷高于绿营兵，八旗兵武器装备优于绿营兵，这是政治上的民族歧视政策在军制上的反映。

1840年鸦片战争后，封建军制开始全面崩溃，清朝八旗兵、绿营兵为勇营和新军所取代。新军和近代海军的出现，标志着中国古代军制开始向近代军制过渡。

雍正、乾隆年间，朝廷遇有战事时，如果八旗兵和绿营兵不够用，就临时招募军队，称为勇营。战事结束后立即解散，不属国家正式军队，即使有功的也不留用。

清末太平天国起兵时，曾国藩以办团练起家，创立了湘军。湘军即勇营。

这时，清廷才改非正式的勇营为正规军，定兵制，发饷粮。从此，勇营成了国家的正规军主力。

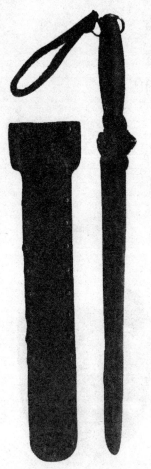

六、古代著名兵勇

（一）青州兵

东汉末年，爆发了轰轰烈烈的黄巾大起义。

起义领袖张角自称天公将军，利用民间宗教组织"太平道"为工具，提出"苍天已死，黄天当立，岁在甲子，天下大吉"的口号，在全国设立36方，约定时间，以头戴黄巾为标志，发动了大起义。

起义初期，张角率领荆、扬、幽、并等州的义军对京城洛阳形成四面包围之势。东汉朝廷调兵遣将，残酷镇压，张角失败，不久病死，黄巾主力被歼，被俘十万多人。

这时，青州黄巾军没有受到多大损失，各地起义军残部纷纷到青州集结，形成了声势浩大的"青州黄巾军"。

青州黄巾军在青州经营数年，采取"且战且耕"的政策，实力大增。

随后，青州军运动作战，转战于青、兖、冀三州之间，击败北海相孔融，杀掉济北相鲍信，消灭了兖州刺史刘岱的主力，发展到百万余人，最后集结于兖州地区。

黄巾军虽然人数众多，作战勇敢，但也面临着严重的困难：一是在与公孙瓒的战斗中辎重尽失，后勤补给极端缺乏，只得靠掳掠维持；二是带着大量家眷，行动不

便。

起义军的根据地是青州，而此时袁绍部将臧洪与公孙瓒部将田楷正在青州大战，青州黄巾军已不可能再回到青州屯田生产了。

恰在这时，青州黄巾军遇到了强大的对手曹操。

曹操奉命讨伐青州黄巾军，所向披

靡。他带领的部队人数虽然不多，但训练有素，战斗力较强。

曹操抓住青州黄巾军行动不便、补给困难的弱点，避免与之正面冲突，而是采取轻骑突袭的战术，令青州黄巾军防不胜防。

在这种情况下，青州黄巾军一面向青州方向退却，一面与曹操谈判，企图说服曹操一道反对汉朝。青州黄巾军曾给曹操发一道檄书，其中有这样一段话："昔在济南，毁坏神坛，其道乃与中黄太乙同。似若知道，今更迷惑。汉行已尽，黄家当立，天之大运非君才力所能存也。"

这段话是说："将军从前担任济南相时，曾毁坏汉室刘家的神坛，这种做法和黄巾军信奉的太平道是相合的。将军似乎通晓大道，而现在却被汉廷迷惑了。汉朝气数已尽，黄家当代天而立。天之大运如此，汉朝不是将军的才力所能保得住的。"檄书劝曹操不要同黄巾为敌，应该与黄巾军同心合力推翻汉朝。

当初，曹操担任济南相时，曾禁断淫祠，把汉朝诸王滥建的祠堂拆毁。黄巾军认为曹操也反对汉室，把曹操引为"同道"，企图说服曹操同黄巾军一道作战。曹操知道用武力镇压黄巾军会给自己造成很大的损失，于是便将计就计，利用所谓"同道"关系，对困境中的青州黄巾军进行诱降。

曹操胸怀大志，精通兵法，曾为《孙子兵法》作注。他想青州黄巾军能征惯战，如能为自己所用，岂不如虎添翼了吗？

曹操和青州黄巾军一面交战，一面谈判。经过几个月的酝酿，这支实力强大的青州农民武装终于在曹操所谓"宽待"的条件下接受收编了。

曹操收编的青州黄巾军多达三十余万，随军男女老幼眷属更是多达百余万。曹操从中选拔精锐十余万，号称"青州兵"。从此，青州兵成了他争夺天下的主力部队。

同时，曹操还学习青州黄巾军"且战且耕"的做法，把黄巾军百余万随军家眷及其携带的耕牛农具作为基本劳动力和生产资料，设置屯田，开荒种粮，为军队服务。

朝廷接到捷报，汉献帝大喜，加封曹操为镇东将军。

曹操有了这十万青州兵

做家底，又招贤纳士，扩大队伍，威名日重。

曹操势力越来越大，投靠他的人也越来越多了。一天，他手下的谋士对他说："将军，要想消灭各地拥兵自重的军阀，必须利用皇帝的名义号令天下才行，这叫'挟天子以令诸侯'。"曹操一听大喜，马上照办。

建安元年（196年）八月，曹操前往

洛阳，将汉献帝挟到许昌，牢牢地控制在自己手中。从此，他自己专断朝政，汉献帝成了傀儡，百官也全得听他的。曹操用亲信担任皇宫卫士，看住朝廷。自己出征时，让谋士荀彧管理朝政。从此，朝中大权全归曹操，汉朝天下已名存实亡了。

接着，曹操南征北战，东攻西讨，打败了张绣，杀掉了吕布，击破了袁术，又用汉献帝的名义封孙策为吴侯，稳住了江东。

袁绍见曹操日益强大，不禁坐立不安。汉献帝建安五年（200年）二月，袁绍亲自统领十万大军从邺城出发，进攻许昌，要消灭曹操。曹操接到报告后，立即亲率青州兵迎战，大败袁绍，所杀八万余人，血流成河，青州兵之骁勇震惊天下。

依靠青州兵，曹操将中国北部置于自己的统治之下了。

（二）北府兵

北府兵是东晋孝武帝初年由谢玄组建训练的一支劲旅。

谢玄是东晋名将，字幼度，陈郡阳夏（今河南太康）人。他是东晋宰相谢安的侄子。

当时，北方的前秦越来越强大。前秦王苻坚四处用兵，逐渐统一了中国北方，并多次侵扰晋国边境。

前秦成了东晋的心腹之患，于是东晋朝廷决定挑选一位能够防御前秦的良将。

晋孝武帝太元二年（377年）十月，谢安向朝廷推荐谢玄。中书郎郗超虽然一向和谢氏不和，但听到这一举荐却十分高兴，他称赞道："谢安不顾舆论反对，敢于推荐亲人，这是明智之举；谢玄必不负众望，其才足以胜任。"这时，朝臣都不赞同郗超的意见，郗超又说：

"我曾经与谢玄共事,发现他极会用人,能做到人尽其才,我太了解他了。"

于是,朝廷任命谢玄为建武将军、兖州刺史,兼广陵相、监江北诸军事,镇守广陵(今江苏扬州)。

谢玄上任后,仔细分析了当时的形势,鉴于晋军缺乏战斗力的实情,立即悬榜招募勇士,组成一支新军。他所招募的人多是从北方逃难的农民,朴实忠厚。这些人背井离乡,历尽磨难,吃苦耐劳。他们有北上抗敌、重返故园的强烈愿望

　　和思乡之情。经过一段时期的严格训练，这支新军成了能征善战的劲旅。

　　太元四年（379年），谢玄受命兼任徐州刺史，镇守京口。东晋称京口为"北府"，因此谢玄成立的这支劲旅被称为"北府兵"。北府兵成立不久，便在淝水之战中立了大功。

　　原来，前秦皇帝苻坚统一北方后，雄心勃勃，总想消灭东晋，统一天下。

他在几次小规模的战争中打败晋军后，竟骄傲起来，自以为天下无敌，决定向东晋发起大规模的进攻。

东晋孝武帝太元八年（383年）八月，苻坚亲自率领步兵六十万、骑兵二十七万，号称百万大军，浩浩荡荡向东南地区进发了。他把军队分作三路：一路由他的弟弟苻融和鲜卑人慕容垂率领，共二十五万人，作为前锋，从长安出发东进；一路由羌人姚苌率领，沿长江顺流而下；另一路从幽州出发南下。

这时，东晋由谢安担任宰相，掌握军政大权。在强敌压境、生死存亡的关头，东晋统治集团在谢安的领导下空前地团结起来了。他们决定抵抗前秦的进攻，紧张地进行军事部署。谢安自任征讨大都督，命令谢石指挥全军，谢玄担任先锋，带领八万兵马迎击秦军。谢安派大将

胡彬率领水军五千增援淝水之滨的寿阳城。

前秦军队由于兵马太多，战线拉得很长。苻融率领的先锋部队经过一个多月的日夜行军，才到达淮河北岸的颍口。

苻坚求胜心切，不等其他各路人马到齐，就命令苻融攻下了寿阳。寿阳是军事重镇，它的得失对于整个战局具有举足轻重的作用。

增援寿阳的胡彬在半路上接到寿阳失守的消息后，只好退守硖石。

苻融攻下寿阳后，一面继续攻打硖石，一面派部将梁成带领五万人马向西

推进，占领军事要地洛涧。梁成在那里扎下了许多水寨，把谢玄带领的八万晋军挡在洛涧东边。

苻坚听说已经攻下寿阳，高兴极了，当夜就带了八千轻骑兵到了寿阳，然后

派尚书朱序到晋军大营去劝谢石投降。

朱序本来是东晋的将领，四年前，他在襄阳和前秦军队作战时兵败被俘，受到苻坚的器重，但他始终不忘东晋。现在，他认为自己为东晋出力的机会到了。他到东晋大营后，不但没有劝降，反而向谢石献上破秦之策说："秦兵百万，势不可当。现在应当趁他们各路兵马还未到齐之机，先打败他们的先锋，挫伤他们的锐气。大军进攻时我可以作内应，协助破敌。"谢石等人经过反复研究，决定首先袭击洛涧的秦军，让朱序在晋军进攻秦军主力时再配合行动。

谢石命令猛将刘牢之率领北府兵在夜间神不知鬼不觉地摸到洛涧，向秦军阵地发起突然袭击。

正在睡梦中的梁成忽然听到喊杀声，吓得出了一身冷汗。他慌慌张张地从床上爬起来上马迎战，结果被刘牢之一刀斩于马下。秦军失去主将，无心再战，大败而逃。

晋军乘胜追击，谢石带领晋军主力渡过洛涧，在离寿阳城只有四里地的八公山扎下营寨。

在寿阳城里的苻坚接到洛涧方面失利的消息，忙和苻融一起登上寿阳城楼，瞭望晋军动静。只见晋军壁垒森严，旌旗如林，八公山上的晋军密密麻麻的。看到这种情景，苻坚吃了一惊，对苻融说："你看，漫山遍野全是晋兵，没想到他们有这么多人！"他连忙下令，要各处秦军严密防守,没有他的命令不许出击。

其实,八公山上并没有晋军。苻坚因为秦军在洛涧吃了败仗,伤了锐气,心里发慌,眼花缭乱,才把八公山上的草木看成是晋兵了。这也是成语"草木皆兵"的由来。

过了几天,谢石派了一个使者到寿阳城里向苻融下战书,要求定期决战,条件是秦军把阵地向后移动一些,腾出一块空地作战场,让晋军渡过淝水和秦军决战。

苻融立即报告苻坚,两人一商量,同意后撤,以便趁晋军渡河时突然袭击,把晋军消灭在淝水里。

到了约定的日子,

符坚传下号令，叫秦军拔营后退，好让晋军渡河。秦军中的各族士兵大多数是被强迫赶来打仗的，他们本来就不愿意替符坚卖命，现在一听说要拔营后退，就像决了堤的洪水一样转拼命向后跑。

这时，晋军按预定计划，由谢玄、谢琰等将领带着八千骑兵冒着严寒抢渡淝水，冲向秦军阵地。

朱序看见秦军后撤，晋军渡河，就在秦军阵后大声喊道："秦军败了！秦军败了！"正在向后退的秦军听到喊声，以为真的打了败仗，便争先恐后地只顾逃命了。苻融飞身上马，跑过去阻止队伍后退，结果连人带马被挤倒在地。他还没来得及从地上爬起来，就被晋军一刀砍死了。

秦军见苻融被杀，吓得个个如惊弓之鸟，抱头鼠窜。他们听见随风飘来的八公山上的鹤鸣声，也以为是晋军追上来了，慌得自相践踏，死亡无数，尸横遍野，血流成河。

晋军乘胜追击，一口气追了三十多里才收兵。

苻坚退回长安，清点一下人马，原来的几十万人只剩下十分之二三了。

在淝水之战中，谢玄、刘牢之率领的北府兵发挥了主力军的作用。

此后，北府兵乘胜北伐，先

后收复今河南、山东境内黄河以南的大片土地。刘牢之率领的北府兵先锋部队曾一度打到黄河以北的邺城。

（三）岳家军

北宋时期，中国东北地区的辽国和金国为了掠夺财富，经常向北宋发动大规模的侵略战争。

辽军和金军南侵，给北宋人民带来了深重的灾难。一些主战派将领坚决主张抗击，岳飞就是其中最著名的一员。

岳飞，河南汤阴人，出身农家。童年时，岳飞跟从名师学武，能左右开弓，成为一名无敌的长枪手。岳飞深受儒家思想影响，为人讲究忠孝。他喜欢学习中国历史，并精通兵法。19岁时，岳飞投军抗辽，不久因父丧退伍，回乡守孝。宋钦宗靖康元年（1126年），金兵大举入侵中原，岳飞再次投军。岳飞投军后，因作战勇敢，很快升为秉义郎。不久，宋都开封被金军围困，岳飞随副元帅宗泽多次打败金军，受到宗泽的赏识。同年，金军攻破开封，俘获宋徽宗和宋钦宗，北宋灭亡了。靖康二年五月，康王赵构登基，史称为宋高宗。岳飞出于爱国心，上书高宗，请求收复失地。不料，他的请求不但被驳回，而且还被革了军职。岳飞改投河北都统张所，担任中军统领，在太行山一带抗击金军，屡建战功。后来，岳飞又归东京留守宗泽指挥，因战功升任武功郎。宗

泽死后，岳飞跟从继任东京留守的杜充镇守开封。

建炎三年（1129年），金将兀术率金军再次南侵，杜充放弃开封，率军南逃。岳飞孤掌难鸣，只得随军南下。

这年秋天，兀术继续率军南侵。改任建康（今江苏南京）留守的杜充不战而降，金军得以渡过长江天险，攻下临安（今杭州）、越州（今绍兴）、明州（今宁波）等地，高宗被迫流亡海上。这时，岳飞率孤军坚持敌后作战，在广德袭击金军后卫,六战六捷。金军进攻常州时,岳飞率部驰援,四战四捷。

次年,岳飞在牛头山设伏,大破金兀术,收复建康,金军被迫北撤。岳飞挽救了南宋朝廷,从此威名大震,传遍南北。

这年七月,岳飞升任通州镇抚使,拥有官兵万余人。于是,岳飞抓紧练兵,很快建立起一支纪律严明、作战骁勇的抗金劲旅,人称"岳家军"。

岳家军纪律严明,冻死不拆民屋,饿死不掳掠百姓财物。

岳飞亲自率领岳家军参加了126次战役,未尝一败,是名副其实的百战百胜的常胜将军。

绍兴三年(1133年),岳

飞率岳家军剿灭李成、张用等游寇，高宗赏赐"精忠岳飞"锦旗一面。

次年四月，岳飞率岳家军北上，击破金国傀儡伪齐政权的军队，收复襄阳、信阳等六郡，岳飞因军功升任清远军节度使。

同年十二月，岳飞又率岳家军大败金兵于庐州（今安徽合肥），金兵被迫北还。

绍兴五年（1135年），岳飞率岳家军打败了杨么起义军，从中收编了五六万精兵，使岳家军实力大增。

绍兴七年（1137年），岳飞升任太尉。

岳飞屡次上表，建议高宗兴师北伐，一举收复中原，都被高宗拒绝了。

绍兴九年（1139年），高宗和秦桧与

金国议和，向金国称臣纳贡。这使岳飞不胜愤懑，立即上表要求辞职，以示抗议。

次年，兀术撕毁和约，再次大举南侵，岳飞奉命出兵反击。

岳飞率领岳家军长驱直入，势如破竹，相继收复郑州、洛阳等地，又在郾城大破金军精锐铁骑兵"拐子马"，乘胜进驻距开封仅四十五里的朱仙镇。

原来，兀术有一支战斗力极强的骑兵队，装备了重铠甲，用绳索连在一起，三人一组，号称"拐子马"，宋朝的军队不敢与之交敌。在郾城大战中，兀术率一万五千拐子马上阵，岳飞命令步兵手持短刀杀入敌阵，不许抬头看，只许低头砍马腿。拐子马连在一起，一匹马倒下，另两匹马便不能前进了。这时，岳家军奋起攻击，杀声震天，一举大破金军。兀术大哭道："自从海上起兵，

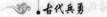
全靠拐子马获胜，这下完了！"

兀术被迫退守开封，金军士气沮丧，发出"撼山易，撼岳家军难"的哀叹，不敢出战。

在朱仙镇，岳飞招兵买马，派人联络河北义军，积极准备渡过黄河，收复失地，直捣黄龙府。他激动地对诸将说："直捣黄龙府，与诸君痛饮耳！"

这时，高宗和秦桧却一心求和，连发十二道金牌，命令岳飞退兵。岳飞见沦于金人铁蹄下的大好河山难以收复，抑

制不住内心悲愤，仰天长
叹道："十年之功，毁于一
旦！所得州郡，一朝全休！
社稷江山，难以中兴！乾
坤世界，无由再复！"

岳飞壮志难酬，只好
率领岳家军挥泪班师。

岳飞一生廉洁正直，从不计较个人
得失。有人问他："什么时候天下才能太
平？"岳飞回答说："文臣不爱钱，武臣不
怕死，天下便可太平了！"

岳飞率岳家军坚持抗金，爱国爱民，
因此受到历代人民的尊敬。

（四）戚家军

戚继光是中国明朝军事家、抗倭名
将、民族英雄。

戚继光，字元敬，号南塘，山东登州
（今蓬莱）人。戚继光17岁时承袭父职，

出任登州卫指挥佥事，一生有四十余年在军中度过。

明朝嘉靖年间，倭寇窜扰中国东南沿海，烧杀掳掠，无恶不作，激起人民的强烈反抗。戚继光立志保国卫民，写下"封侯非我意，但愿海波平"的名句。

倭寇是指13世纪至16世纪期间，以日本为基地，活跃于朝鲜半岛及中国大陆沿岸的海上入侵者。在倭寇最强盛之时，他们的活动范围曾远至东亚各地。

倭寇的组成并非仅限于日本海盗, 只是由于这批海盗最初都来自当时称为倭国的日本, 所以被统称"倭寇"。后来, 由于日本国内政治形势转变, 加上官府的管制, 日本人出海抢掠船只的事件渐渐减少, 取而代之的是来自中国和朝鲜的海商与海盗。他们按照过去倭寇抢掠的方式继续为祸于东海, 也被归于倭寇之列。

最初, 倭寇指日本海盗, 主要攻击范围为当时臣服于元朝的高丽。因为高丽军在元世祖忽必烈两次进攻日本时, 曾随军出征, 屠杀过日本对马、壹岐、松浦、五岛列岛等地的居民, 所以前期倭寇以这些地区的残存者为主要成员, 对于高丽进行报复, 一方面在于夺回被俘的岛民, 一方面为了掠夺粮食以弥补因遭虐

杀而下降的农业生产。

后来，日本进入南北朝动乱时期，倭寇的活动由于政府管制减弱而加剧。由于前期倭寇对明朝海上贸易造成破坏，初成立的明朝政府对日本和朝鲜发出讨伐倭寇的要求，倭寇逐渐减少了。这是前期倭寇。

明成祖发动叛乱，夺取政权，迁都北京后，建文皇帝在南方的残余势力与日本海盗合作，在中国东南沿海展开报复

性侵扰。因为这些南方人体型上比北方人矮小，所以沿用"倭寇"这个名词来称呼由日本人与中国南方人所组成的海盗集团。

明成祖晚年，激增的海陆贸易受到了倭寇侵扰，遂实行海禁政策，只开放官方贸易。后来，沿海治安多次陷入危机，明朝遂宣布中断一切贸易，期望以围堵的政策来减轻倭寇的威胁。这样一来，断绝了许多相关从业人员——渔业、手工业、造船业、贸易等方面的从业人员的生计，致使贸易地下化，商业纠纷无从解决，遂转为武力报复，倭寇之乱不减反增，造成了嘉靖倭乱。

明朝南方人王直曾上书朝廷，请求开放海禁。被拒绝后，王直把反明基地设在日本的平户藩，以反对明朝海禁政策

的中国南方人为基础，与日本海盗合作，从事武力走私。这是后期倭寇。

后期倭寇穷凶极恶，杀人不眨眼，给中国东南沿海居民造成了极大的灾难。

明朝沿海驻军在抗倭战斗中屡战屡败，无力保护海防。

嘉靖三十四年（1555年），为打击倭寇，朝廷调戚继光到浙江担任都司，次年提升他为参将，负责镇守倭寇猖獗的宁波、绍兴、台州三府。

经过几年征战，戚继光发现明军将骄兵惰，纪律松弛，战斗力低，无力担当抗倭的重任。

经上报批准后，戚继光于嘉靖三十八年（1559年）亲自到金华、义乌等地招募精壮的农民和矿工四千余人，按年龄和身材配发不同兵器，进行编组训练。

在军训中，戚继光以"岳家军"为榜

样，教育士兵苦练杀敌本领，要勇猛顽强，服从命令，严守纪律，爱护百姓。不久，一支闻名天下的"戚家军"诞生了。

戚继光赏罚严明，不计个人恩怨，平时与官兵同甘共苦，因而深受士兵拥戴。

倭寇惯用重箭、长枪和倭刀作战，浙闽沿海又多山陵沼泽，道路崎岖，大部队兵力不易展开，而倭寇又善于设伏，好短兵相接。

戚继光针对南方水乡地形和倭寇作战特点，创造了攻防兼宜的"鸳鸯阵"，以十二人为一队，长短兵器配合，因敌制宜，因地制宜，随时

变换队形，灵活作战，在浙江九战皆捷，沉重地打击了倭寇。

"鸳鸯阵"最前面的是队长，其身后二人一执长牌，一执藤牌，长牌手手执长盾牌遮挡倭寇的重箭、长枪，藤牌手手执轻便的藤盾并带有标枪、腰刀，长牌手和藤牌手主要掩护后队前进，藤牌手除了掩护还可与敌人展开近战。再后面二人为狼筅手，手执狼筅。狼筅是利用南方生长的毛竹，选择其中坚实者，将竹端斜削成尖状，并保留四周尖锐的枝杈。每支狼筅长3米左右，狼筅手利用狼筅前端的利刃刺杀敌人，以掩护盾牌手的推进和后面长枪手的进击。接着是四名手执长枪的长枪手，左右各二人，分别照应前面左右两边的盾牌手和狼筅手。再跟进的

是使用短刀的短兵手，如果长枪手未刺中敌人，短兵手即持短刀冲上前去劈杀敌人。最后一名为负责伙食的伙夫。

"鸳鸯阵"不但使矛与盾、长枪与短刀紧密结合，充分发挥了各种兵器的效能，而且阵形变化灵活。作战时可以根据情况和作战需要变纵队为横队，变一阵为左右两小阵或左中右三小阵。当变成两小阵时称"两才阵"，左右盾牌手分别随左右狼筅手、长枪手和短兵手，护卫其进攻；当变成三小阵时称"三才阵"，狼筅手、长枪手和短兵手居中。盾牌手在左右两侧护卫。这种变化了的阵法称"变鸳鸯

阵"。这种阵法运用起来灵活机动，正好抑制了倭寇优势的发挥。

戚家军经过"鸳鸯阵"的演练后，在与倭寇的作战中每战皆捷，堪称百战百胜。

接着，戚继光又奉命进剿猖獗于福建沿海的倭寇。

当时，横屿岛（今福建省宁德县东）是倭寇在闽北的巢穴。此岛四面环水，易守难攻。

战前，戚继光周密部署，选择退潮之

机,命令将士轻装进剿,携草捆盖于淤泥之上,铺出一条道路,出敌不意地登上海岛,歼倭2600余人。

戚继光乘胜进击,又捣毁了倭寇设在牛田(今福建省南)和林墩(今福建省莆田县南)的巢穴。

嘉靖四十二年(1563年)四月,戚继光奉命率兵万余与明将俞大猷、刘显部联合进攻倭寇据为巢穴的平海卫(今福建省莆田县东南),斩倭2200余人。戚继光因军功升任福建总兵。

同年冬天,倭寇万余人围攻仙游(今属福建省),次年二月戚继光率军数千驰救。战前,戚继光用计迷惑敌人,先稳住倭寇。等援军到达后,内外配合,各个击破,解了仙游之围。戚继光乘胜追歼逃倭,毙敌数千。

此后,戚继光又率戚家军转战福建、广东沿海,继续抗倭。

在戚家军的沉重打击下，到嘉靖四十五年（1566年）时，窜扰我国东南沿海的倭寇基本被肃清了。

在戚家军的拥戴下，戚继光百战百胜，成了一位人人称颂的保家卫国的民族英雄。